Mark Sarg

„Betören Sie sich!“

Mark Sarg

„Betören Sie sich!“

Bizarre Kurzgeschichten

Goldene Rakete Verlag für Belletristik

Cover image: www.ingimage.com

Publisher:
Goldene Rakete Verlag für Belletristik
is a trademark of
International Book Market Service Ltd., member of OmniScriptum Publishing Group
17 Meldrum Street, Beau Bassin 71504, Mauritius
Printed at: see last page
ISBN: 978-620-0-51958-0

INHALTSVERZEICHNIS

DER PAPST ALS SCHNUPFTABAKDOSE

Wie so viele andere, dichtete auch Papst Hängebusen der Straffe dem Allmächtigen rein ***menschliche*** Bedürfnisse an.

So wollte er ihm unbedingt nach der „Heimkehr“ als Schnupftabakdose zur Verfügung stehen.

Denn er sollte ausdrücklich dazu ermuntert werden, seine Verzweiflung über die Christenheit durch kräftiges und ungeniertes ***Niesen*** zum Ausdruck zu bringen!

DIE HEILIGE WISSENSCHAFT

Die zwei hochangesehenen Physiker Prof. Murks von Treibloch und Dr. Quarks van Lachgott kamen im Namen der heiligen Wissenschaft überein, dass derjenige, der ***früher*** ablebte, sein komplettes Gehirn dem anderen zur beliebigen ***Einverleibung*** hinterließe – damit keinerlei kostbaren Kapazitäten und Ressourcen verlorengingen.

Wobei der Überlebende sich seinerseits verpflichtete, ***sein*** nun potenziertes Gehirn später ebenfalls der Wissenschaft zur bestmöglichen Verwertung zu überlassen.

Für ihr selbstloses Vorgehen und ihre unschätzbaren Verdienste zum Wohle der Menschheit erhielten die beiden posthum den Nobelpreis.

Und wie man ja hoffentlich weiß, geht es der Welt seither um ***vieles*** besser …

„VERFÄRBEN SIE SICH!“

„Verfärben Sie sich ruhig vor Neid, wenn Sie mein neues Kleid sehen!“, ermunterte Madame Lucrèce Saufink ihre „Lieblingsfeindin“ Demoiselle Héloise Raubring bei einer zufälligen Begegnung im Restaurant.

Jedoch entschloss sich diese, ganz im Gegenteil, ***sie*** zu verfärben – indem sie ihr eine Flasche Bordeaux übergoss.

„VERFÄRBEN SIE SICH NICHT!“

„Verfärben Sie sich nicht gleich jedes Mal vor Verlegenheit, wenn ich Sie besuche!“, besänftigte humorvoll ein jenseitiger Mentor den Eremiten Isidorus van Brummtopf in seinen Träumen.

Denn den Guten peinigten doch tatsächlich permanent Gewissensbisse – weil er immer noch auf ***Erden*** weilte!

„VERFÄRBEN SIE MICH!“

„Verfärben Sie mich endlich!“, lag die ihrer anämischen Blässe allmählich überdrüssig werdende Lady Imelda Putzhaus ihrem Arzte Filibuster Blasewichs einmal mehr in den Ohren.

Worauf er ihr gleich seine neue Honorarnote präsentierte.

Und siehe da – augenblicklich lief die Patientin tiefrot an.

„VERFÄRBEN SIE MICH NICHT!“

„Und verfärben Sie mich nicht wieder!“, erinnerte gewohnheitsmäßig Baron Benoît Specktupf seinen Coiffeur Anselme Waschpudel – der ihm fast jedes Mal die Dauerwellen ***lila*** zu färben pflegte.

Und weshalb er sich dann nicht einfach einen anderen suchte?

Weil er sich insgeheim ausnehmend ***gut*** darin gefiel – sich aber nie getraute, die Farbe ganz offiziell zu bestellen …

„VERKOMMEN SIE!“

„Verkommen Sie, Sie Flegel!“ Mit diesem zärtlichen Abschiedswunsch an Gemahl Wiscot gab Mrs. Margaret Runzelgott ihren Geist auf.

Und so sieht eben gar nicht selten das ***Ende*** einer „im Himmel“ geschlossenen und daher „***nicht*** zu scheidenden“ Ehe aus …

„VERKOMMEN SIE NICHT!“

„Und verkommen Sie nicht während meiner Abwesenheit!“, mahnte streng Direttore Malatesta Schmatzhut Gattin Adèle, ehe er eine längere Geschäftsreise antrat.

Denn selber ein „singuläres ***Muster*** an Verkommenheit“, duldete er einfach keine Konkurrenz im eigenen Hause!

DER PAPST ALS BREZELKÖNIG

Papst Nicco war ein wahrer „Brezelkönig“.
Er verschlang davon weiß Gott nicht wenig.

Nur zum Brezel***papst*** fehlte ihm noch ein kleines Stück –
und so gab er rechtzeitig den Geist auf, zu seinem ***Glück***!

DER PAPST ALS HUNDENUDEL

Die überaus schwierige Frage, in welcher Gestalt er sich dem Schöpfer als Zeichen „allerheiligster Demut" dereinst am besten präsentiere, klärte Papst Schnüffelhirn II., indem er sich für eine schlichte Hundenudel entschied.

Wie ***sehr*** der Adressat sich wohl darüber gefreut hat, lässt sich leider nur ***erahnen*** …

DER PAPST ALS VOLLKORNNUDEL

Wenn er sich schon als „arme Nudel“ in seinem Amte fühle, dann wenigstens als ***Vollkorn***nudel. Dieses sei wohl der mindeste Anspruch, den er stellen dürfe, kam Papst Trüffelbirn I. nach reiflicher Überlegung mit sich überein.

Es wäre gewiss äußerst unhöflich, ihm zu widersprechen.

DER PAPST ALS WEICHSPÜLER

Durch sanftes, weihevolles Auftreten die verkorkste katholische Doktrin „weichzuspülen“ – schien Papst Wohlsock dem Gewandten eine allzu verlockende Aufgabe.

Gelohnt freilich hat sich der enorme Aufwand nicht – wie man heute nur zu gut weiß.

„BESCHWÖREN SIE MICH!“

„Beschwören Sie mich, dass ich Sie nicht auf der Stelle entlasse!“, forderte Direktor Neppino von Klotzschuh seinen Generalmanager Ariel Schlüpfflott nach einem erbitterten Wortgefecht auf.

Da setzte sich ihm dieser einfach auf den Schoß und begann ihn abzulecken.

Worauf ihm sogleich eine Gehaltserhöhung nebst Bonus gewährt wurde.

„BESCHWÖREN SIE MICH NICHT!“

„Beschwören Sie mich nicht, ich bin in dieser Hinsicht auf beiden Ohren völlig taub!“, ließ Baronessa Arcadia Waldlump Gemahl Ippòlito mit seiner Bitte um Taschengelderhöhung eiskalt abblitzen.

Als er sich jedoch drei Tage lang nicht mehr blicken ließ, ***beschwor*** sie ihn bei seiner Rückkehr, nicht noch einmal „umherzustreunen“ – und erfüllte ihm seinen Wunsch gnädigst.

„BESCHWÖREN SIE SICH!“

„***Beschwören*** Sie sich, damit Sie endlich von Ihrem Laster loskommen!“, beschwor Madame Julie Leichtschwein Gemahl Thibolet.

Da ging er tief in sich – und ließ sich scheiden.

„BESCHWÖREN SIE SICH NICHT!“

„Beschwören Sie sich nicht andauernd selbst, sondern kaufen Sie sich lieber eine Schlange!“

Zunehmend genervt reagierte Mrs. Auden Klaffgott auf Gatte Dorset, der von früh bis spät altindische Beschwörungsformeln rezitierte, um sich spirituell zu bilden.

Um des lieben Friedens willen, wohl aber auch, um seine Fertigkeiten noch weiter zu entwickeln, legte er sich daraufhin tatsächlich eine ganz bezaubernde, ansehnliche Schlange zu.

Aber da geriet seine Frau in wilde Eifersucht und reichte beleidigt die Scheidung ein.

DER PAPST ALS MOHNSTRUDEL

In tiefster und heiligster Bescheidenheit von sich selber auf den Allmächtigen schließend, war sich Papst Runzelgack XI. sicher, dass jener ebenso wie ***er*** ein leidenschaftlicher Verehrer des ***Mohnstrudels*** wäre.

Weshalb er sich fest vornahm, ihn dereinst in ***dieser*** Form zu überraschen und zu beglücken.

Als ob den Herrn noch ***irgendetwas*** überraschen könnte, was von Erden kommt …

DER PAPST ALS MOHNTORTE

Mit Vorgänger Runzelgack XI. noch als Kardinal Luigi Pleamplmeier eng verbunden, war Papst Schmunzelsack XII. daher bestens vertraut mit dessen Absicht, sich dem Schöpfer als Mohnstrudel zu schenken.

Gleichfalls ein Anhänger dieser Delikatesse, kam ***er*** jedoch mit sich überein, dass eine Mohn***torte*** das weitaus angemessenere Medium sei für einen solch heiligen Zweck.

Man braucht den Adressaten wohl eher ***nicht*** zu beneiden ob so viel „süßer" Zuwendung.

DAS EITLE ROTZMENSCH

Ein Rotzmensch[1] bildete sich auf seine üblen Manieren auch noch sehr viel ein.

Aber damit war es ja ganz gewiss nicht allein …

[1] Ungezogenes Mädchen, Göre

DAS EINGEBILDETE ROTZMENSCH

Ein Rotzmensch war derart eingebildet – dass es gar nicht mehr richtig gehen konnte.

Weshalb es sich auch jedermann gleich auf den Schoß setzte.

DAS SONNIGE ROTZMENSCH

Ein Rotzmensch war ständig in „sonnigster“ Verfassung.

Denn es wusste: Auch ***sein*** mangelhaftes Gebaren würde irgendwann vorübergehen …

DAS VERREGNETE ROTZMENSCH

Ein Rotzmensch war in permanent „verregneter“ Stimmung.

Weil es partout nicht herauszufinden glaubte, wie sehr es sich ***noch*** danebenbenehmen müsste – um der Welt endlich ***genügend*** Paroli zu bieten!

DAS PRÜDE ROTZMENSCH

Gemessen an seinem wahrhaft befremdlichen Betragen, war ein Rotzmensch geradezu erstaunlich ***prüde***.

Aber dies hatte es wohl mit dem ***Papst*** gemein.

DAS PIKANTE ROTZMENSCH

Ein Rotzmensch hielt sich selber für ausgesprochen „pikant“.

Nur weil es meinte, über ein „unaussprechliches Etwas“ zu verfügen …

DAS UNDICHTE ROTZMENSCH

„Ich bin wohl nicht ganz dicht!“, ärgerte sich ein Rotzmensch, „Da verrenke ich mir Zunge und Glieder von früh bis spät – und die verdammten Leute hier ignorieren mich nicht einmal!“

Und es zog schleunigst in eine ***katholischere*** Gegend – wo man gottlob noch um einiges leichter zu schockieren und aus der Fassung zu bringen war.

DAS DICHTERISCHE ROTZMENSCH

Ein Rotzmensch glaubte in seinen Schimpftiraden eine dichterische Ader zu erspüren – weswegen es sich schon ganz auf eine spätere Laufbahn als „Poetry Trasherin“ einstellte.

Und in der Tat wurde es damit so erfolgreich, dass es zahlreiche hohe Auszeichnungen erhielt – und sich dabei immer mehr zu einer veritablen Rotz***dame*** wandelte.

DAS DELIKATE ROTZMENSCH

Ein Rotzmensch hielt sich allen Ernstes für delikat.

Nur weil ihm ein schnöder Rotz***junge*** dies gesagt hatte!

DAS SPIESSIGE ROTZMENSCH

Ein Rotzmensch hockte ständig mit seinesgleichen beisammen, paffte Zigaretten und soff Wein und Bier.

Ach, wie ***spießig***!

DAS KATHOLISCHE ROTZMENSCH

Seit ein Rotzmensch mit Vergnügen feststellen durfte, dass das Herausstrecken der Zunge bei der heiligen Kommunion nicht nur nicht anrüchig, sondern sogar ***erwünscht*** war, hielt es sich selber für streng ***katholisch***.

Und nahm so ***oft*** und ***ausgiebig*** an dem Mahle teil – dass es sich am Ende glatt als ***heilig*** ansah.

DAS PROTESTANTISCHE ROTZMENSCH

Da Protestieren ja zu seiner „heiligsten Pflicht“ gehörte, gab ein Rotzmensch voller Stolz auch immer den Protestantismus als seine Glaubensrichtung an.

Die Katholiken hielt es dagegen schlicht für „arme, angepasste Schweine“.

„VERSTÖREN SIE MICH!“

„Verstören Sie mich, gnädiger Herr, damit ich Ihnen reinen Gewissens kündigen kann!“

Hofrat Roderich Klotzholz wusste die Skrupel seiner Putzfrau Kathy Stubenlaus, die endlich ihren Ruhestand antreten wollte, durchaus zu würdigen – und gab ihr einfach einen Kuss.

Doch dies verstörte sie ***so*** sehr – dass sie ihn glatt heiratete!

„VERSTÖREN SIE MICH NICHT!“

„Verstören Sie mich nicht, Monsieur!“, verbat sich Madame Arlette Windkraut, als Gatte Hugues zu ihr ins Bett kriechen wollte. Hatten sie doch eine strikte Vereinbarung, dass ihre Beziehung rein ***wirtschaftlicher*** Natur sei.

Erst als er ihr offenbarte, dass sein eigenes Bett im Nebenzimmer wegen eines defekten Fußwärmers in Flammen stand, gewährte sie ihm großzügigst Unterschlupf – ehe sie auch noch die Feuerwehr verständigte.

„VERSTÖREN SIE SICH!“

„Verstören Sie sich selbst, dann kann es kein ***anderer*** mehr tun!“

„Klingt eigentlich recht logisch!“, urteilte Señor Federico Schupfhupf, nachdem er der Radiosendung „Wort am Abend“ mit Hingabe gelauscht hatte.

Und er betrachtete sich sogleich völlig nackt im Spiegel – was er, da streng katholisch, seit ***langem*** nicht mehr tat.

Aber da hatte er sich wohl doch zu ***viel*** zugemutet – denn es traf ihn auf der Stelle der heilige Schlag.

„VERSTÖREN SIE SICH NICHT!“

„Verstören Sie sich nicht, nur weil Sie meinen, Sie würden sich bei den Fernsehnachrichten ständig ***verhören***. Auf Erden ***geschehen*** eben nun mal die seltsamsten Dinge!“, „beruhigte“ Psychiater Dr. Ernest Lachfink seinen Patienten Wladimiro Klaffgaff.

Der sein ganzes Leben für eine permanente ***Wahnvorstellung*** hielt.

Könnte ihm dies vielleicht jemand verübeln?

DER PAPST ALS SALZGEBÄCK

Des Öfteren träumte Papst Hinterschneck
von sich selber als knusprigem Salzgebäck.

Er konnte sich dies zwar nicht erklären,
wollte sich aber keineswegs beschweren.

Denn vielleicht ***liebte*** ihn der Herr in dieser Gestalt
– und so hoffte er schon auf eine ***Begegnung*** bald.

DER PAPST ALS TEEGEBÄCK

Als süßes Gebäck zum Tee
lud der Papst eine holde Fee.

Sie folgte sehr gerne der Einladung –
verzichtete aber ganz auf die Labung.

Denn sie ernährte sich rein spirituell –
was für seinesgleichen ***nicht*** habituell!

„BETÖREN SIE MICH!“

„Betören Sie mich, Verehrtester!“, ersuchte Sir Courtney Ringelmatz auf der Straße den ihm völlig unbekannten Mr. Jasper Schmunzelflott.

Worauf ihm dieser fröhlich die Zunge herausstreckte.

Ganz betört folgte er sogleich der Einladung – und gab ihm einen inniglichen Zungenkuss.

Sodass am Ende ***beide*** betört waren.

„BETÖREN SIE MICH NICHT!“

„Betören Sie mich nicht, sonst garantiere ich für nichts!“, warnte Frau Käthe Schlammsack ihren Gemahl Justus.

Hartnäckig versuchte er trotzdem – zum ***ersten*** Male in ihrer Ehe – sein Glück.

Aber da ließ sie sich prompt scheiden.

„BETÖREN SIE SICH!“

„Betören Sie sich, mein Herr, und alles wird gut!“

Mr. Cumberland Waldhecht befolgte die Anleitung eines unbekannten Gönners – und hatte dies wahrlich ***nicht*** zu bereuen.

Er lebte fortan in ungetrübter Harmonie und Glückseligkeit mit sich selber bis zu seinem frohen Ende – nur um drüben dann noch ***mehr*** Entzücken zu erfahren.

Wie er dieses freilich so meisterhaft zu bewerkstelligen vermochte – dafür vergaß er leider der Nachwelt das Rezept zu hinterlassen.

„BETÖREN SIE SICH NICHT!“

„Betören Sie sich nicht selber, sonst werde ich neidisch!“, wies Lady Vanilla Wildknecht Lord Warren immer darauf hin, wenn er wohlwollend sein Spiegelbild betrachtete.

Als Vampir hatte ***sie*** nämlich leider ***keines***.

DER PAPST ALS SONNENBRILLE

Nicht wenigen gilt der Heilige Vater ja als ***Brille*** – durch die ***allein*** sie den Schöpfer zu schauen hätten.

Und um diese Sichtweise ein wenig euphemistischer darzustellen, nannte Papst Lerchhut der Schmucke sich eine ***Sonnen***brille.

Ob seine kleine List den ach so schnöden Sachverhalt zu ***lindern*** vermochte, bleibt indes ***stark*** anzuzweifeln …

DER PAPST ALS GLÜCKSFEE

Der in jeder Hinsicht ***singuläre*** Papst Edelblut der Einzige verstand es wahrlich meisterhaft, seinen inneren Aspekt der „Glücksfee“ in den ***Vordergrund*** zu rücken – sodass er stets wohlbehütet und geschützt war. Natürlich auch vor allzu groben Fehlern.

Und als es die Kardinäle dennoch wieder einmal zu ***bunt*** trieben – drehte er ihnen einfach eine lange Nase und stieg auf in den Himmel!

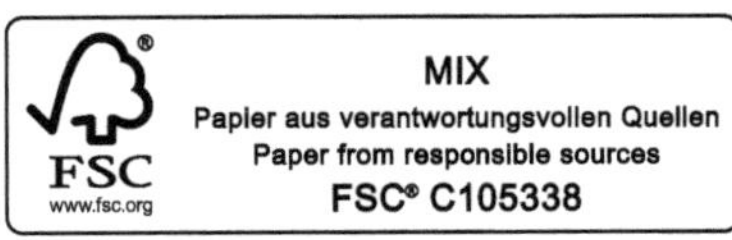

Printed by Books on Demand GmbH, Norderstedt / Germany